ONDE ESTÃO OS PÁSSAROS

capa e projeto gráfico Frede Tizzot
revisão Vanessa Tomich
tradução Luci Collin

© Editora Arte e Letra, 2023

Poemas selecionados de *Massacre of the birds* (Irlanda, Salmon Poetry: 2021)
APOIO: Cátedra de Estudos Irlandeses W. B. Yeats da Universidade de São Paulo

O 99
O´Donnell, Mary
Onde estão os pássaros / Mary O´Donnell; tradução; Luci Collin. –
Curitiba : Arte & Letra, 2023.

80 p.

ISBN 978-65-87603-57-5

1. Poesia irlandesa   I. Collin, Luci   II. Título

CDD   ir823

Índice para catálogo sistemático:
1. Poesia : Literatura irlandesa   ir823
Catalogação na Fonte
Bibliotecária responsável: Ana Lúcia Merege - CRB-7 4667

Arte e Letra
Curitiba - PR - Brasil
Fone: (41) 3223-5302
www.arteeletra.com.br - contato@arteeletra.com.br

MARY O'DONNELL

ONDE ESTÃO OS PÁSSAROS

trad. Luci Collin

exemplar nº 0 87

Curitiba
2023

Índice

Casa suspensa sobre um canal
Hanging House in a Canal..................................6

Contra o desaparecimento
Against the Vanishing..................................8

Outono de Buenos Aires
Buenos Aires Autumn..................................16

Lamento de um marido pelo massacre dos pássaros
A Husband's Lament for the Massacre of the Birds.....20

Gaia, abril de 2020
Gaia, April 2020..................................24

Marolas, como julgamentos
The Little Waves, like Judgements..................................30

Mensagem de Malmö
Message from Malmö..................................32

Provisão Direta e os fantasmas da antiga escola agrícola
*Direct Provision and the
Old Agricultural College Ghosts*..................................34

Fantasmas
Ghost..................................36

Não foi uma mulher
It Wasn't a Woman..................................38

#eutambém, 12 cenas relembradas e um verso
#MeToo, 12 Remembered Scenes and a Line 42

Sobre a metáfora
On Metaphor..46

Minha mãe diz "não" no Bloomsday
My Mother says No on Bloomsday.................................48

Fotografia, pintura, poema
Photograph, Painting, Poem..52

Carona no carro da Patrícia
Sharing a Car with Patrízia...56

Podando a hera
Trimming the Ivy...60

Mar sagrado — Visby
Sacred Sea — Visby..62

Visão de outubro
October Vision..64

A abóbora da garota da cozinha
The Kitchen Girl's Pumpkin..66

Elegia a uma escritora
Elegy for a Writer...68

O futuro usa um chapéu amarelo
The Future Wears a Yellow Hat....................................72

Hanging House in a Canal
for Jean O'Brian

It lay on the other side,
the colour of country butter.
I longed to enter any way I could —
by door, window, chimney —
found it locked.
But there was a reflection,
clear as a mirror in the still waters,
the raised brows of dormer windows as it hung there,
upside down, the poking nose of the porch,
the comforting torso of walls.
I stripped off, knew Immediately what to do,
dived, entered that beckoning house,
its bubbling whispers an embrace
as I burst through its porch reflection.
Now, within, I am drowning
in secrets, in the company of
rats, diving herons, grey roach
and crayfish.
With my own, as always.

Casa suspensa sobre um canal
para Jean O'Brian

Jazia no outro lado,
da cor de manteiga caseira.
Eu ansiava por entrar do jeito que desse —
pela porta, janela, chaminé —
encontrei-a trancada.
Mas havia um reflexo,
claro como um espelho nas águas calmas,
a fronte erguida das mansardas lá suspensas,
de cabeça pra baixo, o nariz pontudo da varanda,
o torso reconfortante das paredes.
Me despi, sabia imediatamente o que fazer,
mergulhei, entrei naquela casa convidativa,
sua efervescência sussurra um abraço
quando irrompo pelo reflexo da varanda.
Agora, por dentro, me afogo
em segredos, na companhia de
ratos, garças mergulhadoras, baratas cinzentas
e lagostins.
Com os meus, como sempre.

Against the Vanishing
Hollywood Lake, Co Monaghan

1.
On the lakeshore
of conscience I stand.
God help me.

Certain that in Argentina,
a woman also stands,
nature-struck.

My unknown companion
will recognise waterfowl,
marvel at grebes, flamingos,

as I too greet the ducks
and moorhens
of this drumlin lake.

The wild pigs of her climate
still suck water
from thicketed reed-beds.

She sprays herself
against mosquitos, feels again
the deceptive rush of abundance.

2.
Here, Polish families picnic late
with children and a shaggy puppy.
Their voices echo, group to group.

Along the shore, two local men chat
about the swallows.
"Not so many th'year,"

one remarks, then bites into a sandwich.
Their murmurs reach me, sentiment
about shy birds from other decades ⎯

corncrakes, cuckoos, long vanished,
and how, at this lake,
the pikes have overbred,

savaged every last cygnet.
"Shame", his companion adds,
finishing a beer.

A dusk fox slouches
from the wood, summer cubs in tow
as she prepares them for winter.

3.
In Argentina, Saturday night falls
hours after I'm in bed. Even so,
a mirror conversation rumbles on,

thoughts replicate like pock-marks,
Where are the birds?
my unknown woman friend enquires,

What happened to the chinchilla,
the armadillo, giant otter?
And who last heard of any jaguars?

She bites into an olive,
sips her wine, reminds herself
to go again tomorrow to the lake

4.
Years stretch and reverse.
Hard not to judge.
Argentina as much as Ireland,

Canada as much as France or Italy,
wherever birds are shot and feathers scatter.
See the white playboys

pose with rifles over zebra, elephant,
or cape buffalo,
as if this action was radiant.

Lucent cloud threaded behind trees
still cajoles. Briefly we believe
in the black reflection of a crannog,

its single surviving swan
creating a moment of ease.
But the seasons will not release us

from mounting debt.
On the lakeshore of living conscience
I stand.

I can do no other.

Contra o desaparecimento
Lago Hollywood, Condado de Monaghan

1.
Na beira do lago
da consciência me posto.
Deus me ajude.

Certa de que na Argentina,
uma mulher se posta também,
tocada pela natureza.

Minha companheira desconhecida
reconhecerá aves aquáticas,
admirará mergulhões, flamingos,

como eu também saúdo os patos
e galinhas-d'água
desse lago de colina.

Os porcos selvagens de seu meio
ainda sorvem água
de caniçais cerrados.

Ela se borrifa
contra mosquitos, de novo sente
a pressa enganosa da abundância.

2.
Aqui, famílias polonesas lancham tarde
com crianças e um cãozinho peludo.
Suas vozes ecoam, grupo a grupo.

Ao longo da costa, dois moradores falam
sobre as andorinhas.
"Tem poucas ess'ano,"

um comenta, depois morde um sanduíche.
Seus murmúrios me alcançam, sentimento
sobre pássaros ariscos de outras décadas —

codornizões, cucos, há muito desaparecidos,
e como, nesse lago,
os lúcios procriaram em excesso,

atacaram cada último filhote de cisne.
"Vergonha", o companheiro diz,
terminando a cerveja.

Uma raposa do crepúsculo vem recurva
lá do mato, filhotes do verão a reboque
enquanto os prepara pro inverno.

3.
Na Argentina, a noite de sábado cai
horas depois de eu me deitar. Mesmo assim,
uma conversa no espelho ressoa,

ideias se replicam como marcas de catapora,
Onde estão os pássaros?
minha amiga desconhecida pergunta,

O que aconteceu com a chinchila,
o tatu, a ariranha?
E quem de onças ouve falar?

Ela morde uma azeitona,
bebe seu vinho, lembra a si mesma
de amanhã ir outra vez até o lago.

4.
Anos vêm e vão.
Difícil não julgar.
Argentina tanto quanto Irlanda,

Canadá tanto quanto França ou Itália,
onde quer que se atire em pássaros e penas
se espalhem. Veja os playboys brancos

posando com rifles, em cima de zebras, elefantes,
ou búfalos-africanos,
como se seus atos fossem brilhantes.

A nuvem luminosa enredada nas árvores
ainda seduz. Por um instante cremos
no reflexo escuro de uma *crannóg*,

seu único cisne sobrevivente
criando um momento de paz.
Mas as estações não nos perdoarão

da dívida crescente.
Na beira do lago da consciência viva
eu fico.

Não posso fazer de outro modo.

Buenos Aires Autumn

The trees here are playing with fire,
but on my island, the cold sap rises.
All day in this heat my flesh

is a violin, the strings melt
and are songless.
Something leaves me

or arrives, I cannot be certain.
The Rio de la Plata
sends mud-songs to the estuary,

intent on harmony with other rivers.
Eva Peron rests in La Recoleta,
where afternoon crowds leave posies

wrapped in paper, green string.
In Puerto Madero, the air is smokey
from the steakhouses

near the Puente de la Mujer,
the water of the Salado brown
with a sediment of base notes.

In Ireland, the rivers chant one note,
each minds its own sound-passage
to the sea, rises in wet spring-times

of fluted birch, nippled oak-buds
which will not soften until May.
In the south I feel the breath of a god

about to close passageways of air.
Sing on, some people say,
Be silent, say I, looking

to cross the equator in a rush of clouds
to the drenched hill-woods
and mire of my own fields.

Outono de Buenos Aires

As árvores aqui brincam com o fogo,
mas na minha ilha, a seiva fria sobe.
O dia todo nesse calor minha pele

é um violino, as cordas derretem
e são sem canção.
Algo me deixa

ou chega, não consigo saber.
O Rio de la Plata
envia canções de lama ao estuário,

na intenção de harmonia com outros rios.
Eva Peron repousa no La Recoleta,
onde o público da tarde deixa buquês

envoltos em papel, fita verde.
Em Puerto Madero, o ar é esfumaçado
por conta das churrascarias

perto da Puente de la Mujer,
a água do Salado marrom
com um sedimento de notas de base.

Na Irlanda, os rios cantam uma nota,
cada um cuida de sua própria passagem sonora
para o mar, nasce na primavera úmida

de bétula sulcada, botões de carvalho em bicos
não amolecerão até maio.
No sul eu sinto o sopro de um deus

prestes a fechar passagens de ar.
Cante, algumas pessoas dizem,
Silêncio, digo, virando

para cruzar o equador numa corrida de nuvens
até as alagadiças colinas arborizadas
e o pântano dos meus próprios campos.

A Husband's Lament
for the Massacre of the Birds

> Of the five billion birds that fly through Europe each autumn
> to spend winter in Africa and the warmer countries north of
> the Mediterranean, up to one billion are killed by humans.
> *Newsweek*, 02/07/2015

He does this by counting, he does this by digging.
O loss, loss, for the swallows have not returned,
loss, for the neap tide shows no sandpiper,
nor greenshank, and he digs the garden to plant
what will attract all comers of wing.
All are welcome in his green field, the swifts
that have not returned to criss-cross the sky,

pigeons long shot and bagged,
and songbirds that in Europe are vanishing—
glued, poisoned, trapped—so that the full-bellied
can dine in a rustic restaurant in Tuscany.
He welcomes too in his garden dream
the fan-tailed warbler, glued to death in Cyprus
in an agony of open beak—chaffinch, blackcap,

quail and thrush—O *loss, loss*, as the songs die,
and little throats close against the final mutilation.
He will continue to prepare each year this place
for the birds, and surely a man can beat his chest
and cry out to his neighbour, *Let us bellow in rage,*
let us bellow in sorrow, let us plant these spaces
to make havens for the hunted.

Lamento de um marido pelo massacre dos pássaros

> Dos cinco bilhões de pássaros que voam pela
> Europa a cada outono
> para passar o inverno na África e nos países
> mais quentes ao norte
> do Mediterrâneo, um bilhão são mortos por
> humanos.
> *Newsweek*, 07/02/2015

Ele vai fazendo enquanto conta, enquanto cava.
Ah perda, perda, pois as andorinhas não voltaram,
perda, pois a maré baixa não traz nenhum maçarico,
nenhum perna-verde, e ele cava o jardim para plantar
o que atrairá todos os visitantes de asas.
Todos são bem-vindos em seu terreno verde, os taperás
que não voltaram a cruzar o céu,

pombos há muito baleados e ensacados
e pássaros canoros que na Europa vão sumindo —
colados, envenenados, presos—para que os pançudos
possam jantar num restaurante caseiro na Toscana.
Ele acolhe também, em seu jardim dos sonhos,
a toutinegra, colada até a morte em Chipre
numa agonia de bico aberto—tentilhão, barrete-preto,

codorniz e tordo—*Ah, perda, perda,* quando cantos
morrem
e gargantinhas se fecham ante a mutilação final.
Todo ano ele seguirá preparando esse lugar
pros pássaros e, é claro, um homem pode bater
no peito e gritar pro vizinho: É de *berrar de raiva,*
é de berrar de dor, vamos plantar esses espaços
e criar refúgios aos que são caça.

Gaia, April 2020
for Liz Sheny

The first time I heard the word
was in 1983. A young mother

new to the workshop,
baby in arms: This is *Gaia*,

she said.
Now Gaia, bearer of life,

rests in our arms again.
Her supple fists release

thrush and finch
as novelties, she tosses

bees towards uncut,
swollen dandelions,

fondles wood-anemone
in neglected copses.

Her hand cracks yellowness
like an egg, a broken spill

on each dawn. She has
cleansed the thick silts

of canals, muds
of the Rio de la Plata,

the scum of the Liffey,
so that fish may return.

All day, cherry-trees twitch
along tawny terraces,

as sparrows dart
on sprays of pink.

At dusk, her eyes show us
how to gaze higher, deeper:

this haul of stars, brighter—
more of them—guiding the eye

through Hawking's cosmos,
with no reverence for anything

except themselves in expansion.
Gaia sucks at the breast,

drowsing while we
stay home and fret,

the anxiety of parenthood
filling us with duties,
obligations.

Gaia, abril de 2020
para Liz Sheny

A primeira vez que ouvi a palavra
foi em 1983. Uma jovem mãe

nova na oficina,
bebê no colo: Esta é a *Gaia*,

ela disse.
Agora Gaia, portadora da vida,

repousa em nossos braços de novo.
Seus punhos flexíveis liberam

tordo e pintarroxo
como novidades, ela lança

abelhas na direção de intactos e
inchados dentes-de-leão,

acaricia a anêmona-de-madeira
em bosques abandonados.

Sua mão quebra amarelos
como um ovo, uma inundação

a cada aurora. Ela tem
limpado os lodos espessos

de canais, lamas
do Rio de la Plata,

a escuma do Liffey,
para que os peixes retornem.

O dia todo, cerejeiras tremem
ao longo de terraços terracota,

enquanto pardais dardejam
em borrifos de rosa.

Ao entardecer, seus olhos nos mostram
como olhar mais alto, mais fundo:

esse feixe de estrelas, mais brilhante—
mais delas—guiando o olho

através do cosmos de Hawking,
sem reverência por nada

exceto por elas mesmas em expansão.
Gaia mama no peito,

cochilando enquanto nós
ficamos em casa e nos afligimos,

a ânsia da parentalidade
nos enchendo de deveres
e obrigações.

The Little Waves, like Judgements

Near the third beach beyond the town,
The Syrians have arrived with baggage
And chattels of their journeys.
The people say *Welcome to Sweden,
You are safe here*. This winter in Visby,
They live in holiday chalets; already,
They walk the seafront with shopping bags,
With clear faces. They will not be hungry
Or thirsty, hounded like sewer rats.
With what dignity they walk.
As if nothing had happened,
And they come unmarked,
Their faces knowing only the future.
Their boys are playing football
In the grass beneath gunmetal, bare trees.
Next summer, their children will swim
On the warm shoreline, tossed
By the little waves, shingle and sand,
A whole sea like a judgement on us,
Sea boulders like full stops at sunset.

Marolas, como julgamentos

Perto da terceira praia depois da cidade,
Os sírios chegaram com bagagem
E pertences de suas viagens.
As pessoas dizem *Bem-vindos* à Suécia,
Estão seguros aqui. Nesse inverno em Visby,
moram em chalés de veraneio; e já
Andam à beira-mar com sacolas de compras,
Rostos abertos. Não passarão fome
Nem sede, acuados feito ratos de esgoto.
Com que dignidade caminham.
Como se nada tivesse acontecido,
E viessem sem marcas,
Os rostos conhecem apenas o futuro.
Seus meninos jogam futebol
Na grama sob o cinza-chumbo de árvores nuas.
No próximo verão, seus filhos nadarão
Na cálida costa litorânea, embalados
Por marolas, cascalho e areia,
Um mar inteiro como um julgamento sobre nós,
As rochas marinhas como pontos finais no poente.

Message from Malmö

In the market the immigrants
are grappling with clothes,
some to buy, some to sell.
Everybody has something on offer,
a garment or some coins.
The faces of the Syrians, new to the place,
show intent. They are here. They have made it.
Now some sort of life may begin again.
The women wear sadness in their eyes,
thick as the heavy wool garments for sale;
the husbands are cloaked in defiance,
desperation; and the young men, also
defiant, wear invisible undergarments
that sparkle with hope; they are girded
by belts of adventure, possibility,
preparing to mend the great torn blanket
that was once their family, now
left behind in the dust.

Mensagem de Malmö

No mercado os imigrantes
se atracam com roupas,
uns para comprar, outros para vender.
Todo mundo tem algo a oferecer,
uma roupa ou algumas moedas.
Os rostos dos sírios, novos no local,
mostram determinação. Estão aqui. Conseguiram.
Agora algum tipo de vida pode recomeçar.
As mulheres trazem tristeza nos olhos,
espessa como as pesadas roupas de lã à venda;
os maridos estão vestidos em desafio,
desespero; e os jovens, também
desafiadores, usam roupas íntimas invisíveis
que brilham com esperança; estão cingidos
por cintos de aventura, de possibilidades,
prontos para remendar a grande manta desfeita
que já foi sua família, agora
deixada para trás na poeira.

Direct Provision and the Old Agricultural College Ghosts

We meet on the stretch between two crossroads:
dark-haired schoolchildren,
sturdied in jackets and hats for the town
three miles away, their families bunked up
in the old agricultural college.

In this place, spirits loiter—of young men
who once handled sheep and cattle in pens,
raising them for market
to a clang of feeding buckets, disinfectant smells,
the scrape of shovels
in the dung-lumped byres.

I've heard music from the yard in summer,
the thud of a football as boys play
for homelands: Albania, Moldova,
Nigeria, attempting perhaps to forget
half-dreamt voices on night corridors,
to silence a ghostly bleating and lowing at dawn,
as they themselves become invisible.

Provisão Direta e os
fantasmas da antiga Escola Agrícola

Nos encontramos bem entre duas encruzilhadas:
escolares de cabelos escuros,
robustos em jaquetas e chapéus para a cidade
a cinco km de distância, as famílias alojadas
no antigo colégio agrícola.

Nesse lugar, espíritos vadiam —de jovens
que já trataram de ovelhas e gado em currais,
levantando-os para o mercado
com o clangor de baldes de comida, cheiros de desinfetante,
o raspar das pás
nos estábulos cheios de estrume.

Ouvi música do quintal no verão,
o baque de uma bola de futebol quando os meninos jogam
pelas pátrias: Albânia, Moldávia,
Nigéria, talvez tentando esquecer
vozes meio sonhadas nos corredores noturnos,
para silenciar balidos e mugidos fantasmas ao amanhecer,
enquanto eles mesmos se tornam invisíveis.

Ghost

I want to be a ghost in my own house.
You may still live here, you can come and go
in the casual glide of daily tasks.
Just leave me be, happy in my haunting
of this room, which has never had a key.

The secret metal is my writer's heart,
which needs to shrink away from signs of flesh,
becoming white, then paler, less than grey,
so that you hardly notice how greatly
I need this house to submit to haunting,

to inhale my chill. If I am unseen
yet felt, surely that will be sufficient.
I want to be a ghost in my own house.
Do not speak to me. Do not spread fond hands
Along my thigh or breast, just come and go.

Be free. I am haunting myself away
from open doors and friendly passageways,
from that candled nook by a winter fire,
withdrawing behind the shades of morning,
while you inhabit the shell I bequeath.

Fantasma

Quero ser um fantasma na minha própria casa.
Você ainda pode viver aqui, ir e vir
no deslizar casual das tarefas diárias.
Apenas me deixe ser, feliz no meu assombramento
deste quarto, que nunca teve chave.

O metal secreto é o meu coração de escritora,
que precisa se esquivar dos sinais da carne,
tornando-se branco, depois mais pálido, menos que cinza,
para que mal se perceba o quanto
preciso que essa casa se submeta a ser assombrada,

para inalar meu frio. Se eu não for vista
mas ainda assim sentida, por certo isso bastará.
Quero ser um fantasma na minha própria casa.
Não fale comigo. Não estenda mãos afetuosas
Na direção da minha coxa ou peito, só venha e vá.

Seja livre. Estou me assombrando livre
de portas abertas e passagens suaves,
daquele recanto iluminado por um fogo de inverno,
retirando-se por trás das sombras da manhã,
enquanto você habita a concha que deixo como legado.

It Wasn't a Woman

who used a stick to abort the baby in an 11-year-old girl
who gang-raped a 14-year-old
who opened a woman to a room of shamrock green
rugby shirts,
later texting about *spit roast* and *sluts*
who gave money to a rag-picker
took one of her five children to a faraway brown-dust city
who sold her on to the businessmen
it wasn't a woman who beat the child with an iron bar
so that vertebrae were crushed
it wasn't a woman who ruptured the rectum of a small boy
who broke the vagina of a baby girl
it wasn't a woman
who scalded a wife because she spoke to another man
who flung acid in the face of a girl who did not want
to marry
who poured caustic soda on a wife's genitals
in a quiet Irish town
it wasn't a woman
who broke a nose blackened an eye
bit a cheek so that the marks of those teeth
are tell-tale pits in the skin and her breasts are purple
and green
it wasn't a woman who punched the baby out of her

so she bled to death
it wasn't a woman who rejected those twin girls
it wasn't a woman who burned a widow to death
who shouted at a wife in the rich people's shopping mall
who later forced her to have sex took the children away
kept all the money
who called out names like *dog* and *here, bitch,*
who put a collar around her neck
then led her on all fours around a golden apartment
it wasn't a woman who smashed photo frames
and perfume bottles who kept a gun beside the bed
and threatened to use it
who blamed her even as he punched her
roared the rhythms of *cunt-face cunt-face cunt-face*
because it helped hit her harder
it wasn't a woman
it wasn't a woman
it wasn't a woman

Não foi uma mulher

que usou uma vara para abortar o bebê numa garota
de 11 anos
que estuprou coletivamente uma de 14 anos
que introduziu uma mulher na sala de camisas de rúgbi verde trevo
e depois enviou mensagens de texto sobre *transa a três* e *vadias*
que deu dinheiro a um catador de papel e levou
uma de suas cinco crianças pra uma cidade
distante e suja
e a vendeu a empresários
não foi uma mulher que bateu na criança com uma
barra de ferro
de um jeito que as vértebras foram esmagadas
não foi uma mulher que arrombou o reto dum garotinho
que dilacerou a vagina de uma bebê
não foi uma mulher
que escaldou a esposa porque ela falou com outro homem
que jogou ácido no rosto de uma menina que não
queria se casar
que derramou soda cáustica na genitália da esposa
numa pacata cidade irlandesa
não foi uma mulher
que quebrou um nariz deixou um olho roxo

mordeu um rosto deixando marcas daqueles dentes
feito covas reveladoras na pele e seus seios ficaram
roxos e verdes
não foi uma mulher que socou o bebê pra fora dela
que então sangrou até a morte
não foi uma mulher que rejeitou aquelas gêmeas
não foi uma mulher que queimou uma viúva até que
morresse
que gritou com a esposa no shopping dos ricos
que mais tarde a forçou a fazer sexo levou os filhos
embora
ficou com todo o dinheiro
que gritou nomes como *mocreia* e *aqui, puta,*
que pôs uma coleira no pescoço dela
e então levou-a de quatro por todo o apartamento
dourado
não foi uma mulher que quebrou porta-retratos
e vidros de perfume que mantinha uma arma ao
lado da cama
e ameaçou usá-la
que a culpou mesmo enquanto a espancava
rugindo o ritmo de *puta-metida, puta-metida, puta-metida*
porque isso ajudava a bater nela mais forte
não foi uma mulher
não foi uma mulher
não foi uma mulher

#MeToo,
12 Remembered Scenes and a Line

1968, County Wexford, the light flick
of the Colonel's hand up my summer dress
as I dart from the hotel stairwell;

1970, Leeson St, the priest
with a November evening burning appetite
for PG Wodehouse, by my hospital bed;

1971, a lift home from a stranger,
Emyvale Road. I fight to leave, he reaches over
to squeeze my breast, I strike out and he swears;

1972, carnival, Fermanagh, a disembodied hand
shoots through the crowd, grabs my left breast;

1973, Leeson Park in spring, snowdrops, moss
at the base of trees, an open raincoat,
shock of white, the dark-stemmed pubis;

1974, Maynooth, a parked yellow Renault,
snail-trail of spunk on his thigh as I pass;

1976, Monaghan, a struggle in a car,
his sweet aftershave, his sweat.
He is small; I am strong enough.

1980, Croke Park, All Ireland Offaly-Kerry
Semi-final, crotch-groped on crammed
concrete steps outside the toilets;

1980, Heidelberg in soft rain, sage-green hills,
the Prof stares at my polo-neck t-shirt,
breathes too close, murmuring 'provokativ';

1986, the throng of Antalya bus station, Turkey,
sips of hot sweet tea, then crotch-groped;

1994, *le Metro*, between Solferino and Rue du Bac
crotch-groped in a crammed carriage;

2010, Sant'agnello, between two cars
a young man stands unzipped,
hand frantic as my daughter and I pass by.

I was never raped.

#eutambém,
12 cenas relembradas e um verso

1968, Condado de Wexford, o leve toque
da mão do Coronel no meu vestido de verão
enquanto eu disparo da escadaria do hotel;

1970, Rua Leeson, o pastor
na noite de novembro com um ardente interesse
por P. G. Wodehouse, ao lado do meu leito no hospital;

1971, uma carona de um estranho até em casa,
Estrada Emyvale. Luto para sair, ele estende a mão
para apertar meu seio, eu bato e ele xinga;

1972, carnaval, Fermanagh, uma mão boba
em disparada no meio da multidão, agarra meu seio
esquerdo;

1973, Parque Leeson na primavera, flocos de neve,
musgo
na base das árvores, uma capa de chuva aberta,
choque do branco, o púbis de haste escura;

1974, Maynooth, um Renault amarelo estacionado,
rastro de lesma da porra na coxa dele quando passo;

1976, Monaghan, uma luta num carro,
doce loção pós-barba e suor dele.
Ele é pequeno; sou forte o suficiente.

1980, Croke Park, Offaly X Kerry na semifinal
do Campeonato Irlandês, apalpou o pênis duro
nos degraus de concreto lotados fora dos banheiros;

1980, Heidelberg sob chuva fina, colinas verde-sálvia,
o Prof. olha pra minha camiseta de gola polo,
respira muito perto, sussurrando "provocaaante";

1986, aglomeração da rodoviária de Antalya, Turquia,
goles de chá doce quente, depois pôs a mão no saco;

1994, *le Metro*, entre Solferino e Rue du Bac
mão no saco num vagão lotado;

2010, Sant'agnello, entre dois carros
um jovem com o zíper aberto,
mãos frenéticas quando minha filha e eu passamos.

Eu nunca fui estuprada.

On Metaphor

I never realised how apt
those old comparisons of female parts

to roses in particular—metaphysical lines
on love, lushness and moisture,

or petals in tactile frills—until the day
I soaped and washed my mother

in her shower-chair,
saw her labia in their dying glory.

Like any late autumn rose,
her petals, hanging loose, had shrivelled,

awaiting the slightest wintry wind
to blow them free.

Even so, I write of them with love,
the metaphysics of a woman's

life in transit, this aged Venus
eclipsed by time.

Sobre a metáfora

Nunca tinha percebido o quão acertadas são
aquelas velhas comparações de partes femininas

às rosas em particular—versos metafísicos
sobre amor, exuberância e umidade,

ou pétalas em pregas táteis—até o dia
em que ensaboei e lavei minha mãe

em sua cadeira de banho,
vi seus lábios numa glória morrediça.

Como qualquer rosa do final do outono,
as pétalas, relaxadas, tinham murchado,

esperando o mais leve vento invernal
para soltá-las.

Mesmo assim, escrevo sobre elas com amor,
a metafísica da vida de uma mulher

em trânsito, essa Vênus envelhecida
eclipsada pelo tempo.

My Mother says No on Bloomsday

It is not easy, it is not easy
to wheel an old woman to the shower

on Bloomsday, when the world
and Molly cry *yes, yes, yes,*

and she is saying *no, no, no,*
because what's left of her life

depends on the freedom of No.
How Joycean of her

to resist the cleaned-up conscience
of filial attention, your need

to fix her taints and odours,
wash hair and teeth,

attend to toes when all she wants
is to float on the lily-leaf of her own

green bedspread, drowsing Molly
in a tangle of snow-white hair.

Now, dreams enclose her
more than talk of showers or meals,

the flowing waters of memory
rise and touch her skin

just where the mattress eases
spine and bones

in that yellow-walled room.
Hello, my darling, she greets

his photograph, flinging kisses
towards mottled frame.

To her then,
the logic of love,

to her, the logic of *No*,
her tongue untameable.

Minha mãe diz "não" no Bloomsday

Não é fácil, não é fácil
levar uma idosa sobre rodas pro chuveiro

no Bloomsday, quando o mundo
e Molly gritam *sim, sim, sim,*

e ela está dizendo *não, não, não,*
porque o que resta da vida dela

depende da liberdade do Não.
Que joyceano da parte dela

resistir à consciência limpa
de atenção filial, sua necessidade

de consertar manchas e odores,
lavar cabelos e dentes,

cuidar dos dedos dos pés quando tudo o que ela quer
é flutuar na folha de lírio de sua própria

colcha verde, Molly que cochila
num emaranhado de cabelos brancos feito neve.

Agora, os sonhos a envolvem
mais do que papo sobre banhos ou refeições,

as águas correntes da memória
levantam-se e tocam sua pele

bem onde o colchão alivia
espinha e ossos

naquela sala de paredes amarelas.
Olá, meu querido, ela cumprimenta

a fotografia dele, jogando beijos
em direção à moldura pintalgada.

Para ela então,
a lógica do amor,

para ela, a lógica do Não,
é sua língua indomável.

Photograph, Painting, Poem

I wanted to show the world my lettuces
and broad beans, their hopeful, sweet green,
fresh from the garden in July,

The lettuce lay unwashed,
leaves crimped like the hems of fancy skirts,
while some of the beans nestled unzipped

in a blue colander. But the ones I'd released
tumbled on a wooden board, like embryos
in jade. Straightaway, I uploaded

a picture onto Facebook, so friends could note
such trumpeting lettuce, such demure beans.
Half way across the world, Rita pressed Like,

then painted the lettuces and beans.
Now, my photograph and her art shimmer
together, shifts of white and sage-green

show how young the beans that day
before lunch, when we just sat and talked
and a block of pollen-gold light on the kitchen floor

deceived us, saying the world was right,
and good, unfolding as it should.
I bought Rita's painting. Today in the kitchen,

my lettuces and broad beans hang hopeful
as winter draws in.

Fotografia, pintura, poema

Eu queria mostrar ao mundo minhas alfaces
e favas, seu verde puro e esperançoso,
frescas do jardim em julho,

A alface não foi lavada,
as folhas crespas como bainhas de saias chiques,
enquanto alguns dos feijões se aninhavam abertos

numa peneira azul. Mas os que eu tinha soltado
caíram sobre uma tábua de madeira, como embriões
no jade. Imediatamente, postei

uma foto no Facebook, assim os amigos veriam
tal alface alardeante, tais feijões recatados.
Do outro lado do mundo, Rita pressionou *Like*,

depois pintou as alfaces e os feijões.
Agora, minha fotografia e sua arte brilham
juntas, variações de branco e verde-sálvia

mostram quão novo é o feijão naquele dia
antes do almoço, quando nos sentamos e conversamos
e um bloco de luz ouro pólen no chão da cozinha

nos enganou, dizendo que o mundo era justo
e bom, desdobrando-se como deveria.
Comprei o quadro da Rita. Hoje na cozinha,

minhas alfaces e favas persistem esperançosas
enquanto o inverno se aproxima.

Sharing a Car with Patrízia

Her personal driver is mostly silent,
hair glossed, shirt ironed.
Occasionally, they murmur a few words.

From the rear seat
I am conducting their private lives
as his hands nudge the steering-wheel
through traffic on the bridge,
above the Tietê. Thunder-clouds

snag the sky-scaling apartments
of the wealthy, and São Paulo
turns purple. We pass the walled-in homes
of eminences—the Mayor, some army man,
and that of a famous singer.

Autumn has arrived, solemn clouds
are permitted, touching as they do the souls
of watchers like me, or street people
stretched out in Cracolândia,
who will not feel the rain as it strikes.

Again, an exchange in Portuguese.
Her ruby necklace
flushes as evening darkens,
and thunder breaks.

Carona no carro da Patrícia

Seu motorista particular é quase sempre quieto,
cabelo com gloss, camisa bem passada.
De vez em quando, murmuram umas palavras.

Do banco traseiro
vou conduzindo suas vidas privadas
enquanto as mãos dele tocam o volante
através do tráfego na ponte,
sobre o Tietê. Nuvens carregadas

rasgam os altíssimos apartamentos
dos ricos, e São Paulo
vira púrpura. Passamos pelas casas muradas
de eminências—o prefeito, algum militar,
e aquela de um cantor famoso.

O outono chegou, nuvens solenes
são permitidas, tocando, como fazem, as almas
de vigilantes como eu, ou de gente da rua
estendida na Cracolândia,
que não sentirá a chuva quando ela cair.

Outra vez, uma troca em português.
Seu colar de rubi
enrubesce enquanto a noite vai ficando escura
e o trovão ressoa.

Trimming the Ivy

My beloved, when I asked him
to trim the ivy on the house,

in his zeal forgot to stop.
Now the house is naked,

her white chest exposed.
Perhaps it's better

to see her skin and bone,
the long tendrils of a plant

in death, brown-veined
while medicinal wind

makes ready
her wintry finery.

Podando a hera

Meu amado, quando lhe pedi
para podar a hera da casa,

em seu afã esqueceu de parar.
Agora a casa está nua,

seu peito branco exposto.
Talvez seja melhor

ver sua pele e osso,
as longas gavinhas duma planta

na morte, veias marrons
enquanto o vento medicinal

prepara
sua elegância de inverno.

Sacred Sea — Visby

A white ship anchors in the harbour.
Seagulls perch with tucked-in wings
on coils of rope; cafes leak their scent
to the darkening hour. Rain expected,
the town is folding down to darkness.

As the storm rolls through the streets,
leaves fall to the gutter's mouth.
I hesitate to peer at these Byzantine discards—
bronze, red-veined—someday,
I too will be pure leaf, leaving only residue.

I consider my restive escapes
to this or that refuge, turn shoreward again,
in search of winter in sinuous drifts,
my head bent to snowy pages,
the quick spark of a colder sun.

Mar sagrado — Visby

Um navio branco ancora no porto.
Gaivotas empoleiradas com asas dobradas
em rolos de corda; cafés vazam seu perfume
à hora em que escurece. Chuva esperada,
a cidade caindo na escuridão.

Enquanto a tempestade rola pelas ruas,
as folhas despencam na boca da sarjeta.
Hesito em examinar esses descartes bizantinos—
bronze, com veios vermelhos—algum dia,
também serei pura folha, deixando apenas resíduo.

Pondero sobre minhas inquietas fugas
para esse ou aquele refúgio, retorno à praia,
em busca do inverno em derivas sinuosas,
a cabeça inclinada às páginas nevadas,
a faísca rápida de um sol mais frio.

October Vision

Here is my father in the kitchen
on the eve of masks and apples,
creamy Brazils and crinkled walnuts,
the nutcracker pressing hard
but not enough to shatter
the moist interior.

My hand plunges
in a filled crate of apples,
raises the reddest from beneath.
Beyond the window,
the wild cat we used to feed
slinks down from the high wood,

the hills crouching close,
while a mist curls thick paws
around the house.
Low sky, no hint of a wind,
today's ochre-lit lanterns of leaves
reveal the sacred veil.
It parts to my keeping, my watch.

Visão de outubro

Eis meu pai na cozinha
na véspera de máscaras e maçãs,
castanhas-do-pará e nozes enrugadas,
o quebra-nozes apertando forte
mas não a ponto de amassar
o interior úmido.

Minha mão mergulha
numa caixa cheia de maçãs,
tira a mais vermelha lá de baixo.
Além da janela, o gato selvagem
que costumávamos alimentar
desce da mata alta,

as colinas que se agacham aqui perto,
enquanto uma névoa enrola as patas espessas
ao redor da casa.
Céu baixo, sem sinal de vento,
as lanternas de folhas ocre-iluminadas de hoje
revelam o véu sagrado.
Abre-se para a minha guarda, meu olhar.

The Kitchen Girl's Pumpkin

The mother plant lies shrivelled,
puckered as an umbilical cord after birth,
exhausted by this hefty youngster
that glows brazenly through morning fog.

She studies the single yellow gourd,
flesh that yields to her grimed fingernail
but does not break; hollow sound
when she taps it with a knuckle,
its life-dense weight.

Next year, she promises
to experiment with the plants:
one for the glasshouse, the rest
in open garden, taking their chances
in vagrant soil.

At night, on her narrow settle,
she feels only solid heat.
Her dreaming mind already harvests seeds
scoured loose by a santoku knife,
composes violent soups
for the long table upstairs.

A abóbora da garota da cozinha

A planta-mãe jaz murcha,
enrugada como um cordão umbilical após o nascimento,
exaurida por esse broto robusto
que brilha descaradamente na névoa da manhã.

Ela estuda a única cabaça amarela,
carne que cede à sua unha encardida
mas não rompoe; som oco
quando bate com o nó do dedo,
o peso denso da vida.

No próximo ano, ela promete
fazer testes com as plantas:
uma na estufa, o resto
no jardim aberto, arriscando-se
no solo errante.

À noite, em seu estreito povoado,
ela sente apenas calor sólido.
Sua mente sonhadora já colhe sementes
soltas por uma faca santoku,
compõe sopas intensas
para a longa mesa no andar de cima.

Elegy for a Writer
Remembering Eileen Battersby

a woman I knew is laid out today
not in a parlour or fine room
but in a stable

her dun horses have galloped
home across acres of stars
where they graze among unicorns
    they bear pearl fragments from the horn
of this gentlest of beasts

in the stable   barn-owls have scooped
that pearl to weave a bridle
for her right hand
tenderly tethering to her fingernails
      the horses' nostrils flare close
in soft breaths to the shape of a head
that would lean into their necks and croon
alone! alone! before riding out

their dark hooves will beat the earth
sense a passage to open pasture
bearing her and her millions of words
across the heavens

a woman I knew is laid out today,
not in a parlour or fine room
but in a stable

Elegia a uma escritora
Recordando Eileen Battersby

uma mulher que conheci, hoje jaz morta
não num salão funerário, nem num quarto refinado
mas num estábulo

seus cavalos baios galoparam
para casa por hectares de estrelas
onde pastam entre unicórnios
    cheios de fragmentos de nacar do chifre
dessa mais gentil das criaturas

no estábulo   as corujas-das-torres escavaram
aquele nacar para tecer uma rédea
para a mão direita dela
ternamente amarrando-o às suas unhas
    as narinas dos cavalos se fecham
em suaves alentos na forma duma cabeça
que se inclinaria até os pescoços e cantarolaria
livre! livre! antes da cavalgada

seus cascos escuros baterão na terra
sentindo uma passagem para o pasto aberto
carregando-a e seus milhões de palavras
através dos céus

uma mulher que conheci hoje jaz morta,
não num salão funerário, nem num quarto refinado
mas num estábulo

The Future Wears a Yellow Hat

The past, an underworld chamber.
We visit habitually,
drunk from the river
of forgetfulness,
brows perplexed as we struggle
with bodies—ailing,
misaligned—
that let us down.

That easy touch,
that musk, a morning sigh
and shared cafetière,
escape our senses.
We erase the future too,
storied with our lives,
ignorant of dead loves
waving hands and hats
to catch our attention.
If we remember the future—
quickly, like skinning a rabbit,
exposing the bone—
we will never look back.
It greets us effortlessly,
waving its yellow hat

as we cross a high bridge
from opposite directions,
smiling—

O futuro usa um chapéu amarelo

O passado, uma câmara do submundo.
Visitamos com frequência,
bêbados do rio
do esquecimento,
frontes atônitas enquanto lutamos
com corpos—doentes,
desalinhados—
que nos decepcionaram.

Aquele toque fácil,
aquele almíscar, um suspiro matinal
e cafeteira compartilhada,
escapam aos nossos sentidos.
Apagamos o futuro também,
contado com nossas vidas,
ignorante de amores mortos
acenando com mãos e chapéus
para chamar nossa atenção.
Se nos lembrarmos do futuro—
rápido, como esfolar um coelho,
expondo o osso—
nunca olharemos para trás.
Ele nos cumprimenta sem esforço,
acenando com seu chapéu amarelo

ao cruzarmos uma ponte alta
vindo de direções opostas,
sorrindo—

NOTAS

Crannóg = ilhota artificial construída sobre palafitas num lago ou rio, usadas como habitação e fortificação na Pré-História e na Idade Média.

Malmö = maior cidade do condado sueco da Escânia; terceira maior cidade da Suécia, depois de Estocolmo e Gotalândia.

"Não posso fazer de outro modo." = da citação Martinho Lutero em abril de 1517, no Congresso Imperial de Worms, quando foi convocado a, diante do imperador, retratar-se por seus ideais de reforma religiosa.

P. G. Wodehouse= Pelham Grenville Wodehouse (1881–1975), escritor inglês bastante popular, durante sua longa carreira escreveu de romances a letras de música de grande sucesso de público.

Provisão Direta = sistema de acomodação para pessoas que requerem asilo na República da Irlanda, criticado por diversas organizações de direitos humanos por infringir questões de legalidade e humanidade.

Mary O'Donnell vem sendo publicada na Irlanda, no Reino Unido e internacionalmente desde 1990 e tem uma obra que inclui oito coletâneas de poesia, quatro romances e três coletâneas de contos. Ela faz parte da geração de mulheres cuja escrita é reconhecida como chave para expandir os horizontes do mundo literário anteriormente dominado por homens da Irlanda. Em 2022 ela foi nomeada "Poeta Laureada" da cidade de Naas. Sua publicação mais recente é um livro de poemas de edição limitada, *Outsiders, Always*, da Southword Editions, Cork. Seu ensaio "My Mother in Drumlin Country" foi listado entre os melhores de 2017 na Best American Essays (Mariner). Realizou residências no Irish College em Paris (2012), no Irish College em Leuven (2022), na Austrália e nos EUA. É membro da afiliação de artistas da Irlanda, Aosdána.

Luci Collin tem 23 livros publicados, entre os quais *A palavra algo* (Prêmio Jabuti 2017) e *Dedos impermitidos* (Prêmio Biblioteca Nacional 2022). Na USP concluiu dois estágios pós-doutorais sobre poesia irlandesa. É pesquisadora da Cátedra de Estudos Irlandeses W. B. Yeats (USP).

Este livro foi produzido no Laboratório Gráfico Arte & Letra, com impressão em risografia e encadernação manual.